A Publicação de eBooks com Fluxo de Caixa Conceito:

Como Publicar seu Próprio eBook Amazon Kindle Passos do início ao Fim

Christopher Kinkaid

I0464434

 Solardyne.com

Published by Solardyne, LLC
Portland, Oregon

ISBN-13: 978-1500684402
ISBN-10: 1500684406

Índice

Prefácio

Aprenda a formatar e publicar o seu e-book na Amazon Kindle em 19 etapas fáceis. A publicação digital é uma revolução - revolução.

Publicar eBooks Rápido e Fácil se você sabe como. A ferramenta de comunicação mais poderoso permite que você publique a sua internet em todo o amplo espectro da plataforma Amazon Kindle, e pago. Agora, você pode alcançar locais de mercado para todos ao seu redor, tudo de uma vez, usando este Fácil Guia Passo a Passo.

Córrego no potencial de atingir uma audiência mundial para o seu e-book amplitude, e monetizar seu conteúdo digital para gerar um fluxo de caixa mensal. Este e-book mostra como formatar e publicar o seu e-book com a plataforma mais longa do mundo digital. Traga o seu livro para aplicar o conceito de fluxo de caixa.

Este livro vai passo a passo, através dos "mecânicos" de formatação e publicar seu próprio e-book com uma seqüência de etapas do início ao fim.

Coloque um e-book é uma questão complicada. Há próprias convenções, formulários, procedimentos, métodos e ferramentas, mas como você conseguiu isso por tudo isso nevoeiro?

Este book é projetado para trazer para você, então passo lógico e simples a passo através de todo o processo de publicação do livro, do início ao fim, em passos fáceis de seguir. Alcançar uma audiência global de amplitude é uma ferramenta poderosa para autores e editoras. Aprenda a publicar facilmente o seu e-book diretamente do seu computador ou PC, para sair e tocar o mundo.

A publicação e distribuição de seu e-book em todo o mundo é a maior oportunidade para os autores do século 21. Este book foi escrito para levá-lo e trazê-lo para você e seu e-book, do conceito de Fluxo de Caixa, Passos, do início ao fim.

Sobre o livro

Utilize este book para aprender a publicar o seu e-book na Amazon, com 19 etapas. Este book é escrito como um procedimento passo a passo para a formatação e publicação de seu e-book no segmento marcado para as vendas Amazon Kindle e distribuição em todo o mundo.

O processo de publicação de um e-book é complexa em detalhes, mas simples no formato. Não se deixe intimidar, mesmo uma montanha pode ser escalado com cada passo de cada vez. Na publicação de e-book, cada saída tem uma resposta. Cada mudança, uma solução. Cada livro que merece ser lido, ele deve ser escrito.

Este book é projetado para guiá-lo desde o conceito e-book através da construção de um e-book dinâmica totalmente funcional, Amazon e enviá-lo desde o início. Tire proveito das características do e-book moderno construir uma experiência útil, interessante e agradável para os leitores de eBooks.

Vindo do conceito de fluxo de caixa, estes passos são a ferramenta para acessar a maior oportunidade na comunicação moderna: publicação digital do seu computador ou PC, diretamente para a rede global da Amazônia em um "click."

Use o **Guia Rápido** no Capítulo Doze, o que lhe dá uma lista de verificação para Passos suas tarefas elementos e formatação.

Escrever um e-book de sucesso é mais do que apenas uma grande escrita. Coloque um e-book lhe dá a capacidade de atingir um grande público, quase que instantaneamente, uma vez que você sabe como. Este e-book inclui as etapas seqüenciais e técnica para publicar o seu trabalho do início ao fim.

Capítulo 1 apresenta uma visão geral e analisa o processo de design para estruturar o seu e-book.

Capítulo 2 descreve as seções ou elementos que você deve incluir em seu e-book. A experiência do leitor é o objetivo mais importante de publicação digital.

Capítulo 3 discute o título de e-book. O título define o seu e-book, não só para os leitores, mas para que os programas de computador competir eBook.

Capítulo 4 descreve todos os elementos que você precisa para formatar a função do e-book moderna.

Capítulo 5 cobre a formatação da própria imagem. Ele traz beleza e expressão ao seu e-book com imagens e inserir e guardar essas imagens para uma exibição verdadeiramente WISIWIG em dispositivos móveis.

Capítulo 6 é dedicado às técnicas de produção para a criação de sua própria tampa do eBook.

Capítulo 7 discute a importância de ter um editor. Mais olhos significa mais uma visão sobre como a experiência dos leitores de seu e-book pode ser emocionalmente e intelectualmente.

Capítulo 8 traz para você a maneira como suas pastas Carregar Publisher do Kindle e viver no espectro mundial Amazônia.

Capítulo 9 aborda a monetização, a definição de preços, pagamento e geração de fluxo de caixa mensal.

Capítulo 10 parece estruturar sua mente. Agora que você é um autor, descubra técnica para construir a sua idéia através de uma maior presença na web

Capítulo 11 contém uma discussão sobre a publicação de livros em diferentes línguas para aumentar o número de livros que você pode postar.

Capítulo 12 é o Guia de Início Rápido, e Final Check List Passos.

Utilize este book para publicar seu próprio e-book em etapas fáceis e-book através do conceito de vendas em todo o mundo, ea produção de um fluxo de caixa mensal.

Sobre o Autor

Christopher Kinkaid

Christopher (Toby) Kinkaid, original de Portland, Oregon, é o fundador da **Solardyne.com**, **SolarQuote.com** e **AlgaeToday.com**, e tem trabalhado em tecnologias de energia limpa por mais de três décadas. Kinkaid é o inventor do módulo fotovoltaico concentrador solar Vertical Axis Wind Generator "Helyx" "Borboleta Non-imaging" (funcionamento contínuo no Sandia National Laboratory desde 1994), a lente óptica Demultiplexer concentrador solar (Dr. James / Sandia National Laboratory, 1991), e é o inventor de um pacote original da energia solar "Solar Power Pack" (Mãe Terra News, "Littlest Utility" Junho / Julho de 2001).

Além disso, Kinkaid tem sido um orador oficial e apresentador de tecnologias de energia limpa em vários eventos ao redor do mundo, incluindo "APEC," Bangkok, Tailândia, 2003, "World Energy Solutions," Tóquio, Japão, de 2003, a Conferência Internacional de Biomassa (IBC), 2010, Minneapolis,

MN, e da Conferência sobre algas Organização Biomassa (ABO), de 2010, Phoenix, AZ.

Christopher (Toby) Kinkaid, já apareceu em entrevistas e entrevistas na TV KOIN, TV KGW, e "Hoje Sustentável" produzidos em Oregon, e atuou no conselho de administração da Associação Nacional de hidrogênio EUA, Washington DC, 1.993 japonês Sociedade de Comunicação por Satélite (JCNET), Fukuoka, Japão, 1994-1995, e Algaedyne Corporation, Preston, MN, 2010-2013. Kinkaid, atualmente atua como CEO da Solardyne, LLC, em Portland, Oregon, onde continua o seu trabalho como um especialista em desenvolvimento de aplicações e pesquisa de energia solar, eólica e biomassa.

Introdução

Aprenda a publicar livros em 19 etapas. Poucas revoluções têm tais oportunidades para escritores e autores como publicação digital. Desde o início da era digital, a partir da "teia de alcance global" através da "pesquisa" "Social Media" e até mesmo o "Apps," publicação digital abriu enormes mercados para o consumo de informação d. A capacidade de um autor para ser distribuído em um segmento de mercado global e ser pago royalties mensais diretamente com, é realmente poderoso.

Publicar, distribuir e vender o seu e-book em todo o mundo a partir de seu computador ou PC gratuitamente.

Utilizando a plataforma Amazon, informação útil em todas as disciplinas, por meio de livros, é apenas uma maneira de olhar-e-bateria da população metade mundo. A enorme segmento de mercado da Amazon, e ferramentas que fornecem os anunciantes, permitiu a maior revolução nas comunicações desde o Pen: Publicação Digital por Click.

A publicação digital é uma revolução com uma diferença: Sua revolução é.

O grande gênio da plataforma Amazon é a capacidade dos consumidores para obter informações interessantes e download com um clique. Uma vez que as pessoas têm ligado à rede Amazon e ter suas informações de conta já em vigor, a aquisição de informações é rápido, fácil e abrangente.

Este livro foi escrito para compartilhar com você, o próximo autor publicar no site da Amazon Kindle, as "ferramentas" e "seqüência" para aplicar essas ferramentas para a produção de eBooks com a maior qualidade possível.

Em termos gerais, para publicar o seu e-book na Amazon vai exigir observar as seguintes cinco categorias:

Conteúdo
Formatação
EBook Cover Image
Informações Front Matéria
Carregando no Amazon

Este livro examina essas cinco grandes categorias em 19 passos específicos, de modo que você pode facilmente avançar seu projeto a partir da fase de concepção para o fluxo de caixa. Depois de ter escrito o roteiro e-book e formato e-book seu passo, você está pronto para reviver mundo seu e-book e torná-lo disponível para compra no mundo.

Rentabilizar o seu eBooks publicar royalties a partir da plataforma Amazon. Publicando no sistema Kindle, você seleciona as suas taxas de royalties de 35% ou 70% dos preços de venda, de acordo com os preços de venda selecionados anteriormente para o seu e-book. Tenha os seus royalties enviados por cheque, EFT ou pagamentos mensais, se você atingir o limite de pagamento mensal da Amazônia.

Publicação digital com Amazon é um modelo brilhante de negócios pela simples razão de que seus custos são extremamente baixos (fixo), e seu alcance global com a Amazon s vencedora pagamentos de royalties plataforma diretamente para você. Este é um mundo novo, e eBooks publicação, uma ótima maneira de alcançar uma audiência mundial, e ganhar grande rendimento, enquanto você faz.

Capítulo Um - A publicação de conteúdo - Overview

Publique seu eBook começa com sucesso com a qualidade do seu e-book. Após a qualidade do seu conteúdo, os dois aspectos mais importantes são o próximo título e selecionando a capa de eBook.

Embora o título deste capítulo é baseado em "Conteúdo", o "contexto" em que você enquadrar o "Conteúdo" determinar sua importância e impacto sobre o leitor. Título e Cubra seu e-book será o fator mais atraente para ser lido, como o leitor dá uma resposta emocional para o efeito que faz com que o e-book. Leitores da Amazônia serão atraídos ou repelidos com base em suas impressões "primeiros".

Folheando os leitores de livros decidir comprar o e-book baseado, oprimido ou impressionado com a maneira que tanto o certificado de título como razões para sua participação.

Como começar a escrever o seu projeto eBook começou pelo título. Você pode sempre alterá-lo, melhorá-lo ou atualizá-lo, em seguida, depois de ativá-lo, mas este é o ponto de partida lógico. Você pode melhorar a sua localização, em buscas Amazônia Títulos com palavras-chave rico.

Por exemplo, eu publiquei um livro intitulado "PV Solar Bombeamento de Água." Quando comecei a escrever o livro que eu queria chamá-lo de "Pump sua água com o sol." Depois de alguma consideração, determinar que eu tinha as palavras "bomba" e "água" no meu primeiro grau, e de um ponto de vista criativo de busca no meu computador (PC) só tinha duas palavras "amigos" chave na minha título.

Fui ao "bombeamento de água solar" no final, porque este descreve o tema do meu livro, e cada uma das três palavras de meu título era uma palavra-chave. Uma vez que esta foi uma frase orgânica alguém pode usar ao fazer uma pesquisa na Amazon atualização para um bombeamento PV Solar tema Água. Selecionar as palavras-chave, você pode "entrar" na mente de seu leitor, e pensar como eles queriam.

Minha nova escolha do título agradavelmente aumentou a minha "Keyword Density."

Nota: (Isso é útil para computadores que procuram diretamente o conteúdo). Quando um leitor Kindle, da Amazon busca qualquer termo relacionado com o seu título, nós esperamos que você encontrar o que você. E você quer ir para cima e-book "para o topo da página," ou perto do topo da lista de resultados de pesquisa sobre a Amazônia. É vital para selecionar o título do seu livro com cuidado.

Títulos (e legendas) são tão importantes que o **capítulo três** é dedicado a este aspecto.

Uma vez que você tem algum desenvolvido anteriormente, conectá-los a um conceito de capa de títulos de eBooks. Você pode se perguntar "por que estamos começando por eBook capa? Não é este colocar a carroça na frente dos bois?" A razão para começar com o título e capa do livro são a inspiração.

Nota: **Capítulo Seis** é nas capas ou tampas do livro, mas eles são tão importantes para pensar sobre eles precoce é perspicaz e agradável. Quando eu escrever um e-book eu coloquei uma cópia da minha capa na minha mesa enquanto eu escrevo. Inspirando reunião através do processo de elaboração. É emocionante, e isso me dá o meu objetivo nesse processo. E enquanto eu escrevo, eu continuo a pairar sobre o design da capa. Quanto mais o meu e-book cresce, mais o projeto se desenvolve. Escrever é orgânico, você vai acabar, muitas vezes longe de onde começou, mas não é este um grande dia que valeu a pena?

Pesquisar palavras-chave e-book cobre no mercado Amazônia.

Pesquisa eBooks em seu material, ou perto, dentro da Amazônia. Olhe para as capas do livro que pode aparecer em sua busca.

Que termos de busca levará a mais e-book "precisa"? O que você tem a oferecer seus olhos? O que empurrou para ele, que faz você pensar "quero mais"?

Escrever um livro é um trabalho árduo e requer suas melhores habilidades.

A escrita é melhor quando você "surf" as ondas de paixão. Essa paixão inclui uma grande energia e objecto de seu conteúdo s o coração de seu forte desejo de publicar. Leve a sua paixão à tona.

Criando a capa do seu livro é realmente emocionante de se ver, e sempre me dá um impulso emocional.

A escrita, a compra e ler um e-book é uma experiência emocional. Insira esta emoção e desfrutar da sua escrita, seguindo estes passos do rasgado completamente.

Considere o seu público, e Telas.

Escritores devem desenvolver conteúdo interessante, e em um estilo que é fácil de ler em dispositivos móveis. Escrevendo eBooks, refletida em telas de dispositivos móveis têm diferenças marcantes de frases de impressão tradicionais. Frases mais curtas funcionam melhor em telas menores. As telas de dispositivos móveis são de cerca de 1/3 do tamanho de monitores de computador.

A redacção do "conteúdo" para eBooks é diferente de escrever para livros impressos tradicionais. Telefones inteligentes (smartphones), os comprimidos, e outras plataformas de tela pequena mudar a experiência de leitura.

Parágrafos longos não são lidos muito bem em telas pequenas. Escreva em parágrafos curtos sugere não truncar o seu conteúdo, ou licença poética, mas é melhor considerar sua plataforma, e maximizar a experiência do leitor.

As etapas específicas nas listas Digital Publishing Kindle e-book no último capítulo são escritas para dar-lhe um mapa da rota do início ao fim. Use estas etapas quando você iniciar o seu processo de escrita, e você vai do conceito de fluxo de caixa. Quando você estiver pronto para lançar o seu e-book na Amazon plataforma mundial, por favor consulte **o capítulo oito** pastas e fazer upload de seu livro

Escrevendo seu livro - a Visão.

O seu e-book vai começar como um documento do Word simples. Use um tipo de fonte e texto em 12 pt simples e clara. Leitores Kindle pode selecionar sua própria fonte e tamanho ao ler seu e-book, então os números de página não existem e são obsoletas para o leitor a dispositivos móveis. Formatação não se preocupe desde o início. Você formatou o documento perto da final do processo de escrita (isso vai lhe poupar um pouco de tempo no final).

Quando você começar a escrever eu só fazê-lo com um simples documento do Word usando um tipo simples e tamanho da impressão. Kindle é projetado para "simples" que pode converter documentos do Word dentro Mobi quando publicar o seu eBook em suas plataformas. Isso significa que você deve formatar, de fato, com um formato específico, mas fazê-lo no final, pode salvar uma grande quantidade de esforço na reedição.

O projecto de trabalho de seu e-book deve ser um documento do Word com um .Doc. Escreva seu e-book sem qualquer formatação que não seja um final forte "Return" de um parágrafo e começar uma nova, bem diferente para os parágrafos dentro de cada capítulo.

Esta abordagem de "avião Jane" vai poupar tempo quando você chega no final do documento.

Os itens a incluir em seu e-book:

No **capítulo dois** , a seguir, todas as seções ou elementos que você deve incluir. Os elementos estão descritos e descritos. Para gerar um esboço de seu e-book, siga estes passos simples.

Estes passos são projetados em uma seqüência que faz "construir" o seu livro facilmente, e segue um fluxo lógico. Depois de ter escrito o seu e-book, você vai costurar o seu e-book reunindo seus itens com hiperlinks. Mais sobre isso no Capítulo Quatro: Formatação.

Visão geral de Digital Publishing:

O longo processo de "Escrever e Check" na publicação digital está escrevendo o conteúdo, a formatação do conteúdo, escrever a "coisas para casa" produzir a imagem na capa de seu livro, e seu registro em publicações Amazon.

Depois de ter registrado, ele entroncará com sua "Bookshelf" ou "Bookshelf." Esta página é a rampa de lançamento do qual se obtém suas informações a partir de "Home Stuff" de seu livro, e começar a construir o seu e-book.

Para iniciar o processo de publicação de e-book, selecione NOVO TÍTULO (novo título), como página Bookshelf Amazônia.

O material inicial refere-se a todas as informações sobre o seu apoio e-book. Título, subtítulos, autor, outras contribuições mencionadas, a sua declaração de direitos autorais de materiais, descrições, palavras-chave, categorias a serem apontam fortemente o assunto, estão todos incluídos nas informações do "Home Stuff."

Você precisa se preparar três partes básicas do seu e-book. As informações contidas no "material da casa," acima. O próprio e-book, formatado corretamente, e cobertura pasta Imagem eBook.

Carregue suas pastas de conteúdo (. Doc) arquivos e pasta de imagem Cobertura e-book (. JPEG) sob o seu novo título. Uma vez carregado todo dentro da plataforma Amazon Kindle, você seleciona a quantidade de dólares (ou outra moeda) que deseja carregar para cada cópia de cada território ou globalmente, e digite SAVE e ENVIE (Salvar ou Salvar e enviar).

Depois de ter enviado as suas pastas, você vai "viver" no mundo nos próximos 12 a 48 horas.

No seu computador, ou PC, você tem a capacidade de enviar com a Amazon anúncios globais. Sem nenhum custo para vender eBooks na Amazon em sua rede. Para autores e editores, a plataforma de publicação Amazon é uma revolução poderosa. Qualquer pessoa, em qualquer lugar, pode chegar e tocar o mundo.

No próximo capítulo, vamos passo a passo através dos "Elementos" em separado que você vai usar na "construção" do seu e-book no Kindle.

Capítulo Dois - Elementos para incluir em seu e-book

Quando você terminar de escrever a versão final de seu livro, o "conteúdo" do seu e-book será formatado para download digital.

Como tal, a melhor abordagem é ter uma rica seleção de itens incluídos no formato e-book e aproveitar as características específicas de eBooks. Diferentes secções ou elementos dar o seu leitor várias maneiras de olhar para o seu livro, procure o seu e-book, encontrar informações sobre o seu e-book, e proporcionar um ambiente rico para desfrutar do seu e-book.

Os leitores que compram eBooks estão buscando a facilidade de uso, profundidade de conteúdo e prazer em sua experiência de eBooks. A navegação através eBooks é um recurso de grande valor para os leitores. Cada uma das seções estarão disponíveis diretamente aos seus leitores para os simples "clique" em hiperlinks que você colocar em seu índice, e lugares especiais para o seu texto.

Eu formatado corretamente operar o e-book são vitais para um e-book de sucesso. O **Capítulo 4** (Formatação) cobrem as características essenciais do processo de formatação esperados em eBooks modernos.

Em um livro, o "Índice" é dinâmico. Os títulos de capítulos são "tecleables" levando-o diretamente para o início do capítulo no corpo do texto, ou em outro lugar, de acordo com a forma como o leitor escolher.

Os itens a incluir em seu livro, neste caso, e se referem a "pacotes" de informação específica que ajuda os leitores a navegar seu eBook. As seções diferentes, listados abaixo, são designados como "grupos" de informações sobre o seu livro, dando ao leitor muitas opções.

Cada elemento principal terá sua própria página dedicada a ele, ou páginas, e colocado em seu índice.

Na formatação da seção, capítulo 4, vamos passar por hiperlinks, estante, e outros requisitos de formatação. Hyperlinks trará para seus links leitor instantâneas para outras partes relevantes do seu livro, ou ligar diretamente para websites. As seções no leitor de eBook dar o seu "grande revisão de características" sobre como a informação é organizada em conteúdo.

Escrevendo seu livro com esses elementos dá ao seu leitor uma visão mais completa do autor, o conteúdo e-book, e serve para melhorar a experiência do leitor.

Passo 1: Elaboração do "Index"

Escrever ou ler um e-book, tudo começa com o índice, se você está apenas começando a escrever seu livro, iniciar o Index. Escrever primeiro índice, dá um roteiro para o seu próprio e-book, e ajuda a organizar seus capítulos.

Como começar a escrever o seu índice, A Isso força você a pensar sobre o seu e-book em traços largos, e como um processo. Visualização de títulos de capítulos ou os graus propostos, dá uma estrutura básica para a progressão do seu eBook. Como começar a escrever o seu e-book que você pode acompanhar o seu índice e trabalhar em uma seção ou capítulo de seu tempo.

Como você come um elefante? Um pouco de cada vez. O mesmo é verdade para escrever um livro. É fácil sentir-se oprimido quando se olha para a "montanha para escalar" representa escrever um e-book. No entanto, se você escrever o seu primeiro índice, você pode se concentrar um pouco em aliviar o fardo de todo o projeto.

O índice é um "Grand Central Station" do seu e-book. Este índice dá aos leitores o acesso a qualquer parte de sua digitação e-book em seu hyperlinks.

Passo 2: O "Prefácio"

O "Prefácio" dá ao seu leitor de e-book uma visão geral dos tópicos de seu livro, e que eles podem esperar para comprar o seu livro. Escrever um prefácio a um estilo positivo e caracteres informativos, com a intenção de produzir qualquer sedução.

O "Prefácio" de escrever deve oferecer alguma emoção e exortar o leitor. Descrina o que o leitor vai descobrir, e ganhar d ler o seu e-book. O "prefácio" também pode funcionar como uma introdução para a introdução (em outro lugar). O prefácio dá o "contexto" mais ou "perspectiva" do seu e-book. O "Prefácio" deve ser o gancho que leva o leitor a querer mais. Escrever um "prefácio", como se você fosse o leitor que quer romancear.

Passo 3: "Sidewalk Book"

"Sobre o livro" é importante, e deve ser escrito para dar uma visão "mecânica," sobre o e-book. Inclui descrição dos capítulos, e discernimento para ser obtida pelo leitor em cada capítulo. Esta seção "Sobre o livro" é um manual para navegar no seu e-book, e dar ao leitor uma "visão rápida" de seu livro

Passo 4: Escrevendo a seção "Sobre o Autor"

Esta seção "Sobre o Autor" é vital para construir o seu selo. Os leitores querem saber quem está escrevendo o livro, e, provavelmente, o terceiro mais importante em sua decisão de compra, além do título e os detalhes. Você está escrevendo um livro que tem algo a dizer. Você tem algo a acrescentar para a literatura, e, portanto, devem ser publicados. A seção "Sobre o Autor" deve incluir os "grandes luzes" de sua carreira, ou o conhecimento geral que se qualifica como um escritor.

Credibilidade vem da experiência. Sua seção "Sobre o Autor" pode incluir sua foto (certificar-se de sua imagem é apenas seu, frontal e de qualidade profissional). Inclua todos os URLs ou site onde pode ser referidos o assunto do seu e-book. Se você tiver sido publicado em outros sites incluí-los como parte de sua experiência.

Passo 5: Escrevendo sua "Introdução"

A "introdução" do seu e-book é muito importante para definir o tom e espaço para o leitor. Ficcional ou não, a "introdução" fornece o status para a sua saída digital e definir o "contexto" para dar perspectiva ao seu conteúdo.

Sua seção "Introdução" a ser construído em seu "Prefácio" e explorar as corridas longas trazendo o foco para dentro, ou "abaixo", de seu assunto para o seu tópico. Inclui o comprimento do "contexto" de seu tema e traz o leitor para o específico. Se você estiver escrevendo uma ficção, então a sua introdução define a cena, e traz o leitor em sua história a partir do exterior. Se você estiver escrevendo uma escrita não-ficção, introdução enquadra o tema do seu livro, e menciona os aspectos emocionantes e deslumbrantes para um indivíduo normal e potencialmente obscuros ou pouco conhecidos.

Passo 6: Elaboração de seus "capítulos"

Organize o seu livro em capítulos separados para o corpo de seu texto, e incluir fotos, se tirar os leitores a uma visita. O número de capítulos é variável, dependendo do conteúdo do seu e-book. Os capítulos são facilmente acessíveis pelo leitor do índice, usando hiperlinks. Nomeando capítulos relevantes, deve ter em mente os pequenos formatos de tela para dispositivos portáteis.

Embora os usuários do Kindle pode ajustar o tamanho do texto exibido na tela de leitores Kindle, os títulos dos capítulos de seu índice são geralmente melhor suportado quando eles são curtos e apertados.

Manter os seus capítulos mais curtos Índice Títulos, mas já nos títulos dos capítulos mostram como o corpo de seu texto para o seu e-book dá uma visão clara. Isso mantém a sua inconfundível, "Index" ainda mantém os seus títulos reais no corpo de sua explicativo e fiel ao seu e-book intenção original. Quando você alcançar os passos em Formatar, formatar seus títulos e subtítulos como capítulos Título 1 em seus projetos de estilos do Word.

Capítulos devem ser separados por espaços, Páginas word.doc inseridas no documento. Isso será explicado no Capítulo Quatro - Formatação.

Passo 7: Elaboração do "Epílogo"

Os leitores têm sempre uma experiência emocional e intelectual com um eBook. A excitação ou frustração pode trocados através da experiência de leitura. Um "epílogo" é uma boa técnica para "desenhar o seu leitor" e atraí-lo mais ou menos. O "epílogo" coloca um ponto final no fim da oração, falar e enrole e deixá-lo absorvido o sentido da conclusão, e revisitar o que o leitor tenha experimentado.

Capítulo Três: Escrita e-book Título

Os dois aspectos mais importantes do seu e-book após a qualidade do seu conteúdo são o seu título e sua casa.

Delineando o título requer passar várias etapas. Comece com o título em seu coração, uma frase curta, ou nome, que vai para o significado, a essência do seu e-book. E sta é a versão romântica do título.

Na edição digital, os títulos de eBooks tem duas partes: o título e subtítulo.

A publicação digital é diferente a partir da publicação de impressão. Pense no seu e-book de duas maneiras: a partir de uma "perspectiva humana e dar-se um" computador." A primeira maneira de pensar sobre o seu livro é a perspectiva humana ou ponto de vista.

A forma "humana" de pensar em seu livro é através da experiência emocional e intelectual de seu leitor. A experiência do leitor inclui como inspirou o seu título e cobrir uma decisão de compra como o leitor à procura de temas interessantes de eBooks, e emoção à espera de ler o seu e-book.

A segunda maneira em que você deve pensar sobre o seu e-book é em termos de como os computadores "pensam."

A publicação digital é feita em uma plataforma digital. Como tal, os computadores estão integrados como publicação digital opera.

Do ponto de vista do mundo da informática não é em folhas de cinza, você só vê em preto e branco. Muitos programas de computador definir as perguntas e respostas, um computador "pensar" em qualquer ação. Do ponto de vista de um programa de computador, como o seu título parece?

Existe uma palavra em seu título que permite uma "busca" para encontrar o seu e-book? Existem algumas palavras em seu título que um "humano" que procuram usar o seu tópico? Máquinas de busca de computação, incluindo Amazon, só pode levar a população ao conteúdo ter "registrado" em programas de computador. EBooks são livros digitais listadas com base em plataformas de "computador." Como o leitor vai encontrar depende especificamente de como você descrever o conteúdo do seu e-book em título e subtítulo.

Mercado não usar slogans em seus títulos. Como regra geral, não jogue o seu livro em seu título, como "Best Seller", ou "número 1." Deixe os comentários vêm, mas os títulos não são lugar para o marketing, mas o lugar para a descrição. Nota: as legendas, no entanto, são o local para a comercialização.

Em nossos dois-modo de pensar, o título de "humano" deve ser emocional e intelectualmente "descritivo" do seu conteúdo. Deixe a massa do seu e-book é o foco do título.

Do ponto de vista de "Computador" você quer que seu título esta palavra composta de "pesquisa".

Evite palavras desnecessárias, ou palavras que não maximizar a compreensão do leitor, bem como a capacidade de computadores para "reconhecer" o seu conteúdo. No espírito de e-book escrito, Rico Strong e manter seus títulos palavras descritivas.

Você quer palavras jumper entre a experiência "humano" e "computador" e dar efeito útil em ambos os mundos.

Passo 8: escrever o seu título e subtítulo

Escreva títulos e subtítulos de sucesso, trabalhar melhor com algumas pesquisas.

Fingir ser um leitor, e entrónquese para navegar com Amazon Kindle e-book disponível. Sinta o conteúdo disponível, e apreciar, e não imitar o que vêem, mas determinar sua própria identidade quando você vive na Amazônia. Verifique o escopo de eBooks relacionados. Olhe para os gráficos, capas e Decks, Livros e descrição títulos.

À procura de livros sobre a Amazônia, relatório de eBooks que atingem o topo da lista. O seu termo de pesquisa aparece nos títulos desses livros que aparecem no topo?

Títulos são geralmente breves. No entanto a sua rica tipo Legenda em "Palavras-chave," que são "pesquisáveis." Globalmente seu título é curto, e legendas é mais rico 2palabras chave." Escavar é bom saber "palavras-chave" que as pessoas usam para os seus temas. Você pode "testar" as suas palavras-chave em uma variedade de maneiras, mas é melhor fazer uma pesquisa "orgânico".

Busca orgânica é quando você faz uma lista de "palavras-chave," e olhando para as palavras na plataforma da Amazon Kindle eBooks. Teria trazido bons resultados as palavras-chave? Como o autor do e-book, familiarize-se com o alcance da literatura disponível. Olhando sobre a Amazônia como um leitor Kindle vai ser agradavelmente alcançado seu prêmio de mercado e como ajudar em definir o seu preço.

No exemplo acima, eu mencionei um dos meus livros "PV Solar de Bombeamento de Água". Como eu decidi sobre a densidade de palavras-chave com esta escolha de título?

Minha Legenda para "PV Solar Bombeamento de Água" é "tornar os sistemas de bombeamento de água com energia solar para Wells, córregos, lagos, lagos e riachos?

MI Legenda é rico além disso, e diferente, dando palavras-chave nos motores de busca 'computador' dar algo para gravar. Eu tenho "How To" como um item de pesquisa popular. Além do meu s Palavras-chave título, eu tenho poder, sistema Bem, córrego, lagoa e Stream. Todas essas palavras são termos de "possível e desejável" procura um potencial leitor pode usar para encontrar um livro com o meu assunto.

Selecione seu título e subtítulo com grande cuidado, pesquisa, e consideração para uma resposta bem sucedida, tanto na percepção "humano" e classificação de "computador" estará presente em seu e-book.

Capítulo Quatro - Texto A formatação do e-book Kindle para publicação

A formatação do e-book é um trabalho muito importante. Talvez o mais feliz ao escrever um formato e-book está passando aspecto. Agora que você já elaborou o Projecto Final, e tempo de formatar o seu e-book para o mercado mundial. A formatação adequada é vital para uma experiência de publicação digital de sucesso.

O "bebê" do formato de e-book é ir ver o seu e-book como está entrando de uma forma funcional, até que se trata de vida. Escrevendo o primeiro "corpo" do seu e-book projecto de texto simples é conseguido. Nos passos que se seguem a formatação, Você pega o seu projecto até "vanilla" para o mundo dos vivos, com hiperlinks e um índice de texto totalmente funcional.

Hyperlinks permitem-lhe saltar o seu leitor de e-book em torno de seu e-book como você "ligar" as diferentes partes do seu e-book. O "destino" de seus hiperlinks são chamados de "Estantes e livros."

É melhor fazer a sua formatação, depois de escrever o corpo do seu texto. Escreva o seu primeiro livro e salvar as etapas de formatação para o final. A razão pela qual formato e-book a sua logística está perto do fim.

A escrita é um processo orgânico, e você re-editar o texto. Se você fizer sua formatação muito cedo, de dólares para rosquinhas vá, pelo tempo que você chegar ao final do seu projecto, você está removendo cabelo para fora tentando "limpar" toda a sua anterior formatado. Acredite em mim, deixá-lo por último.

O documento (os projectos de e-book) pastas são "carregado" no Kindle Digital Publishing Network em vários formatos populares. Essas pastas incluem formatos ideais PDF, HTML, HML, documentos do Word. O formato preferido é usar as pastas de documentos do Word.

Para uma experiência suave de carga escrever seu eBook usando o MS WORD tanto pastas ou arquivos. Doc, ou com extensões. Xdoc (quando você salvar ou guardar o documento).

Se estiver usando um Mac, em seguida, salve o documento em Salvar como, nome, e selecione o formato word.doc pasta.

Passo 9: documentos do Word

Publicação Kindle é projetado para torná-lo tão fácil quanto possível. Ao escrever o seu e-book começar com a sua pasta word.doc documento.

Quando você começar a escrever o seu e-book, começando com word.doc fundo no seu processador MS WORD, e nomeie a pasta. Formatação para Kindle exigido é relativamente simples, mas deve ser preciso.

Nota: Não use as funções de cabeçalho e rodapé. Deixe aqueles espaços em branco, e verifique se eles estão no mesmo tipo de letra e formato que o corpo do seu texto.

Para verificar, basta digitar no cabeçalho ou toque em seu documento, ea fonte será exibida. Você quer todo o seu documento está em uma única fonte. Minha fonte favorita é Myriad Pro Staff @ 12 pontos.

Quebras de Inserção Página: Etapa 10

O formato Kindle é muito específica para as quebras de página. Estes ditar como eles se separam capítulos no documento.

Usando o botão "Inserir Quebra de Página" função, você inserir a quebra de página no final de cada capítulo. Isso garante que não há espaços extras ou estranhos "Returns duras" entre duas seções concatenadas dentro de seu documento.

Inserir uma quebra de página descreveu como, começar o seu próximo capítulo na parte superior da sua página é. Quando os leitores digitado em um título de capítulo em seu índice, será colocado um link diretamente para o topo da primeira página desse capítulo, justamente onde ele começa.

Nota: Para verificar se você tem sucesso quando você vê um espaço em branco no documento (entre os capítulos), escreva em qualquer lugar no espaço em branco, o que deve levar o cursor para o final do capítulo.

Se não, e o cursor sobre o espaço em branco, em seguida, você deve digitar o novo "Returns rígido" entre os capítulos.

Toque na tecla undo (tecla delete) Retorna o apagamento Difícil até chegar ao final do capítulo anterior. Isso faz com que seu fluxo de documentos e torna mais fácil para carregar o seu Kindle e-book sem saídas, tornando sua carga uma experiência livre de problemas.

Passo 11: Inserir Headings rubricas 1 e 2

Para os títulos e em outros capítulos de capital palavras que você quer destacar no texto, não use a função de tamanho normal assim como alterar o tamanho da fonte de 12-18 pontos. Em vez disso, iluminar seus títulos e selecione Título 1 (Cabeçalho 1) ou Título 2 (Cabeçalho 2) a partir de sua função de Styles.

Use o Título 1 (Cabeçalho 1) ou Título 2 (Cabeçalho 2) estilos na "Gaveta de estilos Vista" ("Ver Estilos de gaveta") para realçar os seus títulos de capítulos e qualquer Subtítulo em seu texto. O Título 1 (Cabeçalho 1) é para os títulos dos capítulos e rubrica 2 (Cabeçalho 2) é para qualquer Subtítulo no corpo do capítulo.

Kindle reconhece esses "estilos" e fornece uma maneira de padronizar os títulos em seu documento para que ele seja redactable para Kindle.

Kindle suporta caracteres básicos, e as palavras podem ser formatado como negrito, itálico, e derramamento de sangue, de modo que você tem alguma flexibilidade em seus personagens e formatos de texto.

Passo 12: Hyperlinks e Marcos - construir seu índice

Uma grande diferença entre livros e e-book impresso é o hiperlink. Os eBooks são dinâmicos, o que significa que você pode adicionar links no texto, que funcionam como "botões" que levam o leitor a outra parte de seu livro para um site fora do seu livro.

Como você construir seu índice, acrescentou hiperlinks de cada título capítulo para a localização do capítulo em seu livro (chamado de sinais ou Bookmark).

Sinais no documento dizem os locais do computador em seu texto que você deseja vincular a tais títulos dos capítulos. Faça a sua lista de sinais requer primeiro rolo para baixo seu documento. Realçar o que quiser no seu texto como Capítulo título, subtítulo, ou título ou parágrafo notável. (Nota: Você só pode adicionar um sinal de cada vez).

No Word, abra o "Inspector" com vista (vista) em seu bar formatado.

Realce o título do capítulo que você deseja marcar como sinal. Em seguida, vá para "Inserir" na barra de ferramentas de formatação e selecione "Inserir-Hyperlink".

Quando você seleciona "Hyperlink" do texto selecionado, a janela "inspetor" lhe dará uma tabela de seleção. Signal Select e digite o sinal "+" ao fundo. O título que você acendeu capítulo agora é adicionado à sua lista de Sinais (será exibido na lista.) Role para baixo o documento e destacar insert-hiperlink, digite a marca de livro, tipo "+" e continuar a acrescentar, e construir sua lista de Sinais.

Uma vez que todos os títulos de capítulos individuais são trazidos à sua lista de Bookshelf, é hora de construir o seu índice.

Vá para a página do índice. Digite uma lista de títulos dos capítulos separados por uma "Volta rígido" na Web seu índice.

Capítulo Realce um título e selecione "Inserir - Hyperlink" da função "Inserir" ou formatos de barras. Em sua "janela de inspeção", selecione "sinal" no âmbito do "Link para" ponto.

Quando você tiver selecionado o seu sinal, sua lista de sinais previamente selecionados aparecem (pode ser um menu que se resume a "none" na tabela da janela até que você digita). Selecione o título do capítulo apropriado que você vê na lista.

O hiperlink é feito agora. Tão fácil. Quando você, ou seu leitor selecione Título Capítulo em seu índice são hiperlinks diretamente para o início do capítulo selecionado em seu livro.

Se você quiser que o seu link vai para um site ou página da web fora do seu e-book na web, em seguida, na última etapa, selecione "Hyperlink." Sua janela de inspeção vai mudar e você vai ver um local para entrar destino formal de URL do site. Nota: Certifique-se de que você entra no site para começar formalmente com http://

Passo 13: MANTENDO nomear sua carteira e word.doc

Agora que você tenha escrito o seu projecto e adicionar o documento formatado, é hora de economizar. Certifique-se de Salvar como e nomeie o documento em um word.doc pasta. O próximo passo é adicionar as imagens para o seu e-book. Para este item ir para o próximo capítulo: Nós Importação e formatação de **imagens**.

Capítulo Cinco: A formatação de Imagens

Os gráficos são elementos dinâmicos da publicação digital. Imagens são opcionais em eBooks, e não a capa. Você pode usá-los ou não. A publicação no Kindle suporta vários formatos de imagens, no entanto, para obter melhores resultados, sempre salve Imagens pol JPEG.

Há limites para o arranjo de imagens e texto em uma página da plataforma Kindle. As imagens podem ser localizada (centrado) acima ou abaixo do texto. E, inversamente, o texto pode ser acima ou abaixo das imagens.

Envolvendo texto em torno das imagens não é suportável, e muito provavelmente irá resultar em erros de formatação, fazendo dele era reflexo na tela de uma forma que você não pode tentar. E não se esqueça de "Centro" suas imagens em seu documento.

As imagens são um caso especial na edição digital, e exigem uma formatação específica para fazer o upload sem problemas para exibi-los uma vez que você experimentá-lo em seu dispositivo móvel.

Passo 14: Importação de imagens

Imagens no formato do documento devidamente word.doc, se você optar por incluir imagens, é vital para a publicação digital. Apenas a "pensar" como se fosse um computador com o título de conteúdo, processamento de imagem é extremamente importante em termos de formato e tamanho.

Qualquer página Kindle simples de 600 pixels de largura e 800 pixels de comprimento. Certifique-se de que a sua imagem não deve exceder essas dimensões, ou o resultado poderá ser lido por um leitor Kindle. As imagens que você pretende incluir em seu livro precisa ser "inserido" dentro de documentos usando o "Insert" PALAVRA função.

Mac Para os anunciantes, o "Inserir - Selecione" função é o comando apropriado para importar uma imagem. Se você usar uma versão mais antiga do comando é "Inserir - Imagem." O procedimento correto é usar o Insert no MS Word. Inserir comando Imagem (ou Insert - Selecionar - Nome da pasta) - irá permitir que você selecione uma imagem para importar para o seu word.doc documento.

Nota: Não use o comando Colar Recortar e (Cut-N-Paste) para importar imagens para o seu projeto ou projeto de e-book. É importante para evitar erros de formatação quando você incluir imagens em seu e-book. Recorte e cole este comando não é suportado, o que resulta em erros e formatação. Use a função "Inserir" no Word para trazer as imagens para o seu e-book documento. Use a função "Inserir" no Word para trazer imagens em seu documento eBook.

Vários formatos de imagem são suportados no Kindle, mas é altamente recomendável para selecionar o formato. JPEG. Este formato funciona melhor e dar-lhe uma excelente vista sobre o Kindle, e dispositivos móveis que suportam Kindle.

Passo 15: Manter as suas imagens como pastas compactadas

O tamanho digital de seu e-book coisas.

Amazon vai cobrar uma pequena entrega de imagem digital quando o seu e-book é carregado e descarregado. Portanto, você quer suas fotos, suas pastas e documentos, ser tão pequena quanto possível no final da pasta SALVAR AS do seu e-book.

Use a função de compressão de imagens que você encontra na barra de Imagem Formatos Word.

Capítulo Seis - Criando a sua tampa do eBook

Urban Wind
Vertical Axis Wind Turbines

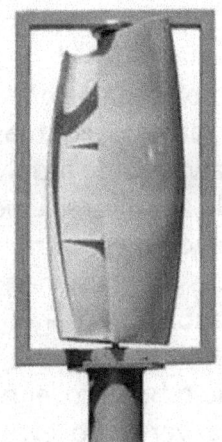

Wind Power in the City

Christopher Kinkaid

Após o seu conteúdo, o título e as legendas, a capa do seu livro é o aspecto mais importante de seu e-book digital. As tampas gráficas são emocionante e desafiadora. Algumas pessoas respondem a imagens legendadas.

E os outros reagem quando a carga gráfica. Na verdade, a capa do seu e-book deve ser uma síntese que você quer vê-lo, e ferramentas e recursos que você pode tocar.

Passo 16: Criando a capa do seu e-book

Produzindo sua capa e-book é um passo importante.

Essencialmente, você tem três oportunidades para se concentrar na produção da capa de seu livro:

Primeiro, ele pode fazer por si mesmo, e aprender a arte de usar um programa de gráficos como o Photoshop. Illustrator, ou algumas outras pastas que podem ser salvas como arquivos. JPEG. Produzir a capa do seu livro a si mesmo, é uma ótima maneira de ter um "controle criativo" tudo. E a produção de suas próprias imagens para sua capa e-book, terá o menor custo para o autor ou editor.

Criar o seu próprio e-book cover é realmente divertido. Você vai ver como levar seus próprios conceitos graficamente, e quando ele vê sua tela de cobertura tomada, ser feliz. É muito mais divertido do que assistir a sua primeira venda!

Outra maneira, ea maneira mais fácil de produzir uma excelente vista do seu e-book é a utilização de algumas das ferramentas que a Amazônia tem para postar.

Amazônia tem um gerador de capas para livros, onde Bookshelf página. Utilize este programa como se estivesse escrevendo o seu e-book de jogar com diferentes coberturas eBooks. Depois de inserir o título, subtítulo e autor do livro em sua página

Bookshelf, digite o assistente gerador de e-book, e brincar com diferentes designs e layouts.

O gerador de cobre eBooks da Amazon manter o seu título, subtítulo e autor do e-book que você já entrou em seu novo título, e vai oferecer uma gama até um limite, uma galeria de imagens que você pode usar a largura total da mundo e licenças livres. Trabalhar com este gerador de cobre eBooks para brincar com idéias diferentes e arranjos.

Nota: Mantenha como rascunho até que você tenha decidido sobre a sua cobertura final projeto eBook.

Segundo, você pode "fazer uma fonte externa" sua capa e-book, e ter algo para fazer. Há serviços e saídas de serviços, tais como **fiverr.com** que oferecem cobertura de design eBooks que são muito eficazes em termos de custos, e você pode pagar a preços razoáveis. Mais importante, você tem o seu Mundo Direitos de autor propriedade sobre as imagens e desenhos.

Sua terceira opção é um híbrido dos dois primeiros. A melhor maneira é tomar o tempo para desenhar a sua própria capa e-book, e usar os recursos, tais como as descritas acima, para trazer a sua própria capa do livro para a vida, e guardá-lo como uma pasta. JPEG. Você quer que seu e-book cover é intrigante, vibrante, vistas ao tesouro, e acima de tudo, interessante para o leitor.

Comprando imagens HD a partir de fontes externas, como **Fotolia.com** é um grande recurso para gráficos vibrantes que você pode usar em sua capa do livro. Ao se cadastrar no site Fotolia você pode baixar imagens Royalty licenças livres, geralmente uma pequena taxa. Depois de baixar suas fotos, você pode importá-los para seu programa gráfico e começar a editar e adicionar o seu título, subtítulo e autor.

Para idéias fotos eBook Covers olhar Fotolia, com seus mais de 27 milhões de gráficos HD. Este tipo de banco de dados que fornecem muitos gráficos úteis e dinâmica para as suas possibilidades de design de capa e-book e idéias fluem facilmente.

Capítulo Sete: A importância de um Editor

O melhor conselho que posso dar a um autor antes de publicar, está à procura de uma editora. Este não é apenas alguém que pode ser um "expert" no campo em que você está escrevendo, mas sim um exemplo de seu leitor típico.

Escrever é complexo em diferentes níveis. Ter mais olhos sobre a sua escrita é inestimável. Você não está vendo uma reescrita com uma editora. Você está assistindo notas de produção. Como ler o seu e-book? É fácil navegar em seu e-book?

Você está à procura de "gabarito" todos os aspectos da experiência do leitor, citações, os espaços, a estrutura das frases. Um software de gravação de verificação pode identificar um monte de escrita, mas o fraseado, o conteúdo das orações e cadência são vitais para melhores resultados, e esses são os melhores para "amassar" a um editor.

Passo 17: Leia o seu livro como um leitor

Uma vez que você tenha escrito o seu e-book você vai edições, revisões, regravações e adições. Como já escrevi, você chegará a um ponto em que você parece ter chegado ao fim da sua escrita: o seu primeiro esboço.

Normalmente, um escritor é tão absortos no livro que ele está escrevendo é fácil perder um pouco de perspectiva. No momento em que chega ao final de seu livro, e como seu Snatch final começar a lê-lo, tirar um dia fora de seu e-book, e depois voltar para ela e ler o seu e-book a partir de uma perspectiva que é o seu leitor de perspectiva. Eu garanto que com um dia, você vai encontrar muitos mais erros em seu manuscrito.

É fácil de ler e-book? Você gosta de sua leitura? Estes aspectos sutis se revelam como você re-ler o seu e-book. Isso exige várias leituras finais, mas revendo o seu eBook do início ao fim como um leitor é uma ótima maneira para assentar bem em sua forma final.

Capítulo Oito: colocar o documento e fazer ao vivo

Envie seu e-book é o momento da verdade.

Você escreveu capítulos do e-book. Você escreveu seus itens, incluindo "Sobre o Autor." Você finalmente formatado seu documento do Word, e inseriu algumas imagens que você deseja incluir.

Você construiu o seu índice, e inserido todos os hiperlinks, voltando-se para sites externos ou seu e-book "Sinais" em qualquer lugar do documento.

Você virou o documento para alguém ler o feedback. Um editor famoso é preferível, mas todos os leitores vão fornecer um feedback valioso.

E você deu SALVAR AS em um formato de pasta compactada. Seu livro está quase pronto para o lançamento do mundo.

Você rechequeado verificado e todos os "estranhos" Hard-Devoluções e espaços do espaçamento bar foram removidos do seu documento. Você quer que suas peças limpas e sem documento palavra estrangeira.

O texto do documento foi construído com Returns rígidos, rubricas 1 ou 2 para os títulos. Todas as quebras de página inseridas no fim de cada capítulo distinto. Todos os sinais e Hyperlinks instalado e testado, como o seu índice.

Todas as imagens foram gravadas dentro JPEG e pastas compactadas para um tamanho menor. A "Clean Copy" do seu word.doc documento muito facilmente carregada.

Agora você está pronto para fazê-lo viver na plataforma Amazon na próxima etapa. Falta-lhe apenas 10 passos para o lançamento.

Passo 18/19: ativar sua conta Publicando com Kindle e Carregando seu eBook

Para viver na net com seu e-book no Kindle, use os seguintes passos:

Primeiro passo: Certifique-se o conteúdo do seu e-book é armazenado na forma de documentos word.doc, e sua imagem de capa é armazenado em um formato de arquivo de documento separado JPEG. Aplicar Salvar como para o seu desktop ou pasta, como descrito acima.

Segundo passo: ativar sua conta no Amazon.com

Terceiro Passo: ra sinaliza sua página da Amazon e entrar Novo Título.

Passo Quatro: Uma vez que você selecionou o novo título na Bookshelf, incluindo detalhes sobre o assunto principal inicial, incluindo título, subtítulo, autor, e qualquer outra contribuição oportuna.

Entre em 7 palavras-chave, e selecionar até duas categorias oferecidas pela seleção disponível, e digite uma descrição do seu e-book. A página de descrição será exibida na página de vendas Amazon.

Quinto passo: Criar uma capa e-book com o Assistente vai vê-lo em breve 8Usted Amazon) ou Envie seu pasta JPEG Cobrindo-book.

Sexto passo: Escolha Salvar como rascunho.

Passo Sete: Carregar Documento eBook. Selecione Carga e-book e digite o nome da pasta. Doc no ponto. Digite "carga" e você está no caminho certo.

Passo Oito: Após Envie seu doc pasta e-book, pasta e JPEG imagem da capa e-book com o seu "principal da tampa do caso", em seguida, selecione o preço de seu e-book.

Preço É muito importante para o lado comercial de seu olhar e-book, por isso estou dedicando um capítulo a este tópico. Por favor, consulte o Capítulo Nove: monetização. Depois de ter seleccionado o preço de venda para o seu e-book em vários países, você está pronto para o grande momento. No momento em que vai viver em largura ao redor do mundo.

Passo Nove: Tipo de SAVE e-mail e sua carteira será cobrada na Amazônia.

Passo Dez: Amazon requerem 12-48 horas para processar pastas que você tenha carregado para o formato que suporta dispositivos móveis. Amazon converte documentos e pastas de documentos enviados em formato. MOBI, e às vezes você vai estar vivo para o mundo inteiro na plataforma Amazon.

Parabéns! Você agora é um autor publicado na Amazon!

Capítulo Nove: Monetização

A publicação digital é um aspecto monetário. Downloads digitais do e-book pode ser oferecido gratuitamente ou você pode cobrar por cópia. A escolha é sua. Se você decidir vender o seu e-book, a Amazon tem mais fácil para entrar no preço que você selecionar.

Se você optar por cobrar uma taxa para o seu e-book, então você deve entrar em contato monetização. Basta definir o quanto você quer cobrar para o seu e-book?

Decida preço plataforma Kindle é determinada pela imagem de seus direitos autorais, e do país. Você pode definir o seu preço em dólares americanos por e-book, e se você tem direitos internacionais para o seu e-book, você pode usar esse dinheiro para todos os mercados, ou escolher preços diferentes para países diferentes.

Amazônia tem atualmente duas estruturas royalties de preços para os autores. Você pode ganhar 35% ou 70% do preço de venda, dependendo do preço que tenha escolhido previamente para o seu e-book, que varia consoante o país.

Se você colocar o seu e-book preço abaixo de US $ 2,99, em seguida, você ganha 35% de royalties sobre as vendas.

Se você colocar o seu e-book preço entre US $ 2,99 e $ 9,99 cada um, então você ganha 70% de royalties.

Mas se o seu preço é mais elevado do que US $ 9,99, em seguida, de volta sobre a 35% das vendas.

Definir preço ato seu livro é uma questão espinhosa. Como regra geral, os menores pre4cios tendem a vender mais livros do que os preços mais elevados. No entanto, a minha experiência mostra que há preços para eBooks ficção, ficção e NÃO.

Os eBooks Não-Ficção pode lidar com um preço mais elevado, e às vezes julgado por atitudes de "você começa o que você compra"

O e-book Ficção, por outro lado, são melhores a preços júnior. O preço mais popular, na minha pesquisa é o de estabelecer os preços dos eBooks entre US $ 1,99 e R $ 5,99 para cada um, com o máximo da faixa de US $ 2,99 a US $ 3,99.

A publicação digital para depositar o dinheiro é um jogo de números. O melhor resultado parece ser um equilíbrio entre mais vendas com menos margem, gerando renda média, que alguns volumes pequenos de vendas com margens elevadas. É n equilíbrio global deste. Felizmente, com a plataforma Kindle, você pode mudar o seu dinheiro a qualquer momento, e isso lhe dá a oportunidade de "brincar" com os preços para encontrar o grão doce do seu e-book.

Após um período inicial não divulgado 60 dias, a Amazon paga mensalmente, se você chegar a um volume de vendas mínimas. Você pode especificar a ser enviado cheque mensal, transferência bancária ou EFT para o número de sua conta bancária automaticamente. Amazon faz com que essas opções fáceis para selecionar e executar.

Capítulo Dez: Construindo sua Marca

Publicação Digital dá-lhe uma enorme riqueza. Nos velhos tempos, a comercialização necessário uma grande quantidade de recursos. Agora publicação digital dá-lhe as ferramentas que o tornam um publicitário poderoso para uma audiência global de seu computador.

Construa a sua marca é tudo uma questão de comercialização de seus eBooks, com base na base de sua presença na web. Amazon desenvolveu ferramentas para autores e editores, que deve dar vantagens para fazer suas publicações plano de marketing.

Autor Amazon Pages fornece para cada um de suas plataformas ao redor do mundo. Depois de publicar o seu primeiro livro, a Amazon irá enviar-lhe um convite por e-mail para assinar outras plataformas internacionais pela Amazon. Os principais links em seu e-mail e sinal para as ferramentas de autoria da Amazônia, e presença na web.

Post na Amazônia é apenas o começo, através de um poço, para a publicação de âmbito mundial. Após a publicação do e-book, você pode considerar a impressão de algumas versões de "Hard Copy" do seu e-book.

Há passos adicionais que você pode tomar para fazer sua marca na web. Você pode oferecer a sua versão de "cópia," reconvenção, um impresso por um, com Criar espaço; por exemplo. Barnes & Noble é outra grande saída para distribuição

Registrar um URL usando o seu título para um site que você criou para se dedicar ao seu e-book. O site, com o seu Título URL e-book como poderia funcionar como uma ferramenta de marketing. Sobre este site intitulou seu livro que você pode construir um link (baixar o código da Amazon) para trazer as pessoas para a loja para comprar o seu livro Amazônia eBook.

Além disso, há um software que pode ser baixado a partir de terceiros, que permitem que você gerencie o download de um e-book em PDF a partir de seu site. No entanto, ser muito cauteloso e sempre ficar dentro das regras da Amazon, por isso considero tudo que a Amazon diz sobre este tópico.

Nota: Construa um hosting dedicado site tem o seu custo. Uma vantagem de publicar com a Amazônia é que não há custos.

Nas plataformas da Amazônia, digite seu e-book pode, ao longo do tempo, sem custos adicionais, tornando a publicação digital algo sem paralelo em termos de potencial de retorno de investimento. Tudo ou quase tudo de seu livro sobre a tampa traseira do seu projeto.

Se você trabalha a parte final do livro, você pode aumentar drasticamente suas vendas, canais de distribuição adicionais de contato. Postado seu e-book, você pode agendar entrevistas entrevistas de rádio, conferências, artigos de escrita de imprensa e realizar outras atividades ricas em saídas para maior publicidade e exposição para o seu e-book.

Capítulo Onze: Traduções Mensagem Não-ficção eBooks para o seu e-book como Dividir

Todo mundo tem sua língua nativa. Traduzir suas línguas estrangeiras e-book é um método para enriquecer sua extensão global, e aumentar o prazer de seus leitores.

Há muitas maneiras de abordar a tradução, como a linguagem que o rodeia, é uma proposta muito delicada na publicação de eBooks. No entanto, traduzir seu livro faz todo o sentido do ponto de vista de marketing e branding, e pode ser muito eficaz. No entanto, traduzir o seu livro faz todo o sentido a partir de um marketing e branding ponto de vista, e pode ser muito eficaz.

A tradução é melhor quando faz um falante nativo da língua que está traduzindo. Se você não tem um falante nativo, ou um devidamente autorizada examinados e academicamente, com a experiência prática do idioma que você está interessado em fazer a tradução, qualquer outra opção pessoa é contratar um serviço.

Outro método de documentos do Word tradução para outro idioma é usar o software "tradução automática." Mas estes métodos devem ser usados com cuidado e de d Very Good Revisar parágrafo a parágrafo.

Use tradutores "mecânicos" é excelente para fins de uma primeira versão preliminar, mas eles são mais utilizados em combinação com um falante nativo. Software de tradução ainda não compreender o verdadeiro sutileza da linguagem, como traduções são delicadas e requerem muita atenção.

Google oferece algumas ferramentas para o Google transalpino e pode ser um bom ponto de partida. As traduções da plataforma Kindle de língua estrangeira do seu e-book são considerados independentes e separados da língua original escrito em eBooks. Certifique-se de todos os direitos autorais de escrever as suas traduções, se você usar tradutores como terceiros.

Capítulo Doze: Visão geral e Guia de Início Rápido

A publicação de seu livro sobre a plataforma de espectro mundial Kindle da Amazon é algo poderoso, gratificante, e potencialmente lucrativo.

Listados abaixo estão os 19 passos que você pode tomar para produzir eBooks vibrantes, dinâmicos e bem sucedidos publicados na plataforma Amazon Kindle para vendas e distribuição a todos no mundo inteiro.

Use as etapas a seguir para ter o seu e-book do Conceito de Fluxo de Caixa.

Passo 1: Índice

Passo 2: Prefácio

Passo 3: Sobre o livro

Passo 4: Sobre o autor

Passo 5: Introdução

Passo 6: Capítulos

Passo 7: Epílogo

Passo 8: títulos e subtítulos

Passo 9: A formatação do word.doc

Quebras de Inserção Página: Etapa 10

Passo 11: Inserir rubricas 1 e 2

Passo 12: Hyperlinks e Marcos

Passo 13: Salvando e nomeando suas pastas

Passo 14: Formatação de Imagens

Passo 15: A compactação de pastas

Passo 16: Criando a capa do seu e-book

Passo 17: Editando o seu e-book

Passo 18: Lista de verificação final e revisão

Carregando 19: Carregar na Amazônia

Aqui, futuro autor de e-book.

As etapas descritas acima são o seu roteiro para a publicação de livros na Amazon. Estas são as ferramentas para trazer o seu e-book do seu computador para o condutor de amplitude plataforma global de vendas na web, gerando receita.

A publicação Kindle dá-lhe a forma mais poderosa de ganhar royalties, e alcançar o mundo com a plataforma de conteúdo. Eu sei que você vai desfrutar de rever seus relatórios você Amazon, e vendo quantas vezes em todo o mundo o seu livro é vendido e apreciado.

Talvez a sua experiência desta publicação como abrigada como eu encontrei, mas espero que este livro é útil para seus projetos de recurso de publicação digital.

Obrigado pela leitura, e feliz no Kindle da Amazon!

* 9 7 8 1 5 0 0 6 8 4 4 0 2 *